Raubfische und andere Meerestiere

von Clare Oliver

Stachelig!

Kugelfische gelten in Japan als ausgesprochen lecker. Erwischt man jedoch einen giftigen Teil, ist man mit hoher Wahrscheinlichkeit binnen weniger Stunden tot.

ALARM AM STRAND

Die Räuber und Bestien der Tiefe können mitunter auch ins flache Wasser kommen und zwar bis zum Strand! So zum Beispiel der Schwertwal. So niedlich er auch ist, gehört er zu den kaltblütigsten Killern – und das, obwohl er ein Säugetier, also ein Warmblüter ist!

Schwertwal

FURCHTLOS

Schwertwale sind riesige Tiere: Sie werden bis zu 9 m lang. Ihre Lieblingsspeise sind Robben; sie greifen aber auch Tiere an, die größer sind als sie selbst, z. B. Buckelwale.

Großer Tümmler

VORSICHT, BISSIG!

Die meisten Wale und Delfine haben Zähne. Damit reißen sie ihre Beute in Stücke. Männliche Delfine drohen auch gerne mit ihrem mächtigen Gebiss. Schließlich müssen sie zeigen, wer der Chef im Wasser ist! Und wenn das ihren Rivalen kalt lässt, schnappen sie zu und bringen ihm Bisswunden bei.

GEFÄHRLICHER SURFER!

In den antarktischen Gewässern vor der Küste Patagoniens lauert ein Surfer der besonderen Art: der Schwertwal. Er wartet eine große Welle ab und lässt sich von ihr an den Strand tragen – mitten in eine Gruppe ahnungsloser junger Seelöwen. Der Schwertwal schnappt sich seine Beute, und schon geht es mit der nächsten Welle ins Meer zurück. Da kommt es auf gutes Timing an.

VERSPIELT?

Der Schwertwal verspeist das Seelöwenjunge nicht sofort. Erst spielt er mit ihm, indem er es hochwirft und mit der Schwanzflosse peitscht. Dann aber packt ihn der Hunger, und er verschlingt es mit einem Bissen.

MEERES-QUIZ

Wie viele verschiedene Wale und Delfine greifen Schwertwale an?

a) 10
b) 15
c) 25

Wie schnell kann ein Schwertwal schwimmen?

a) 25,5km/h
b) 55,5km/h
c) 75,5km/h

Wie viele Zähne hat ein Spinner-Delfin?

a) bis zu 92
b) 92–171
c) 172–252

LUFT ZUM ATMEN

Schwertwale sind wie ihre Verwandten, die Delfine, Lungenatmer. Sie müssen zum Luftholen an die Oberfläche kommen.

JÄGER IM MEER

Sobald ein Hai sein Opfer entdeckt hat, wird's brenzlig. Der Hai hat ein so hervorragendes Gehör, dass er das Plantschen eines Schwimmers in 250 m **Entfernung wahrnimmt.**

VIELFRASS

Tigerhaie sind nicht wählerisch: Sie verschlingen einfach alles. In ihren Mägen fand man Schiffsanker, Nummernschilder von Autos, komplette Rüstungen, Ziegen und auch Überreste von Menschen.

GANZ SCHÖN WENDIG!

Beim Hai besteht das gesamte Skelett aus Knorpel. Knorpel ist das gummiartige Material, das deine Ohrmuscheln und die Nasenspitze biegsam macht. Der Hai ist dementsprechend wendig, ein unschlagbarer Vorteil bei der Beutejagd.

Rückenflosse: An der dreieckigen Rückenflosse erkennt der Schwimmer, dass er in Schwierigkeiten steckt! Der Hai hält damit übrigens sein Gleichgewicht.

Schwanzflosse: Dank dieser Flosse ist der Hai enorm schnell. Indem er sie kräftig hin und her schlägt, kommt er im Wasser voran.

Blauhai

Brustflossen:
Wenn das Wasser die Brustflossen umströmt, erhält der Hai Auftrieb, ähnlich wie ein Flugzeug durch seine Tragflächen in der Luft. Außerdem dienen die Brustflossen zum Steuern.

KALTBLÜTIG

Bei den meisten Haien entspricht die Körpertemperatur der des umgebenden Wassers, und das ist meist ganz schön kalt. Anders ist es bei Schnellschwimmern unter den Haien, dem Mako und dem Weißen Hai. Ihre Körpertemperatur liegt etwas höher, daher sind ihre Muskeln wärmer und leistungsfähiger. Der Mako bringt es auf 70 km/h.

Zähne des Mako-Hais

AUF DEN ZAHN GEFÜHLT

Manche Haie verschleißen während ihres Lebens mehrere tausend Zähne! Die des Mako sehen wahrhaft Furcht erregend aus: wie lange spitze Dolche!

MEERES-QUIZ

Welcher dieser Fische gehört nicht zu den Haien?

a) Walhai
b) Dornhai
c) Riesenmaulhai

Wie lange halten die Zähne eines ausgewachsenen Hais?

a) etwa eine Woche
b) ein bis zwei Monate
c) etwa ein Jahr

Um wie viel schneller als ein Olympiarekord-Schwimmer ist der Tigerhai?

a) doppelt so schnell
b) dreimal so schnell
c) sechsmal so schnell

ATTACKE!

Haie sind als gefährliche Jäger bekannt. Den wohl schlechtesten Ruf hat der Weißen Hai, der zu den so genannten Menschenhaien zählt. Dank seines stromlinienförmigen Körpers gehört er zu den schnellen Schwimmern unter den Haien.

Weißer Hai

GUT GEWITTERT

Hat ein Menschenhai seine Beute ausgemacht, steuert er geradewegs darauf zu. Dabei bewegt er den Kopf hin und her, damit seine Nase gut mit Wasser durchspült wird. So kann er feststellen, wo der Geruch der Beute am stärksten ist.

MONSTER-ZÄHNE

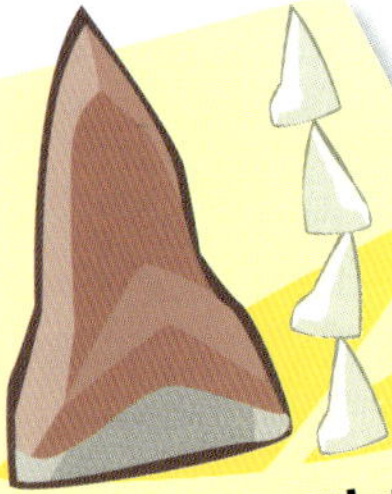

Der Ur-Riesenhai hatte 15 cm lange Zähne. Die des Weißen Hais werden dagegen nur niedliche 6 cm lang.

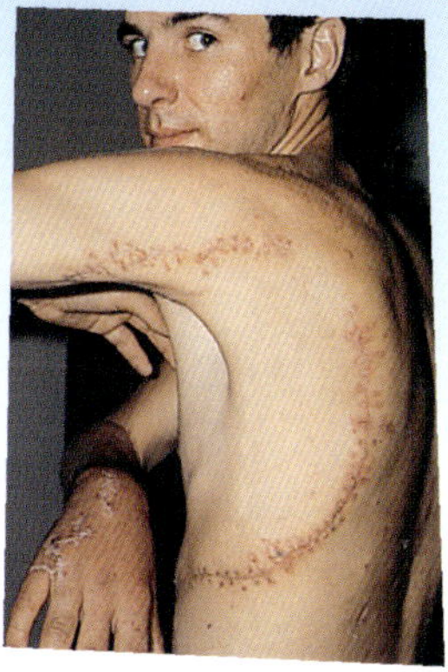

ZUGEBISSEN!

Haizähne sind so scharf, dass man den Biss kaum spürt – das berichten Opfer von Haiangriffen. Leider kommen nur wenige mit dem Leben davon. Der Fischer auf diesem Bild hatte Glück; die Bissspuren des Weißen Hais werden allerdings als Narben bleiben.

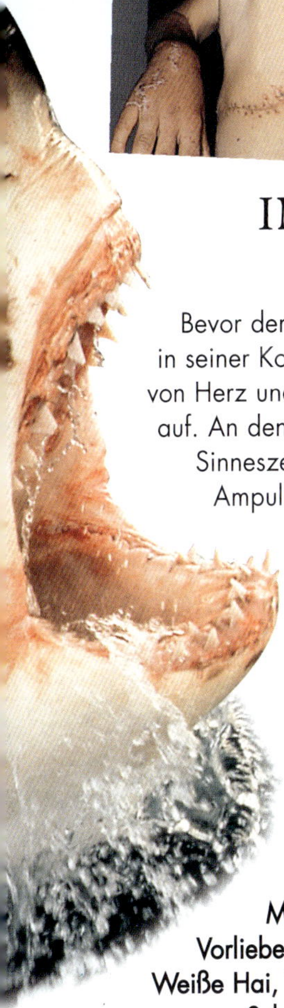

IM TRÜBEN FISCHEN

Bevor der Hai zubeißt, nehmen Poren in seiner Kopfregion elektrische Signale von Herz und Muskeln des Schwimmers auf. An den Porenenden befinden sich Sinneszellen: die Lorenzinischen Ampullen. Dank ihnen weiß der Menschenhai auch im trüben Wasser genau, **wann er zubeißen muss.**

MENSCHEN-FRESSER

Es gibt etwa 250 Haiarten. Die meisten machen Jagd auf größere Fische und **Robben, greifen aber keine Menschen an. Haie mit einer Vorliebe für Menschenfleisch sind der Weiße Hai, Tigerhai, Blauhai, Mako und Schwarzspitzenhai.**

MEERES-QUIZ

Wie weit kann ein Weißer Hai seinen Rachen aufsperren?

a) weniger als 1 m
b) über 1 m
c) über 2 m

Wie viele Menschen werden pro Jahr von Haien getötet?

a) 20–30
b) 30–100
c) 100–200

Von wie vielen Haiarten ist bekannt, dass sie Menschen angreifen?

a) 40
b) 125
c) 250

IM FRESSWAHN

Blaubarsche jagen in Gruppen von mehreren tausend Tieren. Als riesiger Pulk schwimmen sie vorwärts und schnappen dabei nach allem, was ihnen in den Weg kommt. Eine Spur der Verwüstung bleibt dabei zurück: aus Blutwolken und halb tot gebissenen Fischen.

Ein Schwarm Schnapper

MEERES-QUIZ

Wie lang wird der Blaubarsch?

a) 1,2m
b) 2m
c) 5m

Wie nennt man junge Blaubarsche?

a) Schwärmer
b) Schnäbler
c) Schnapper

Wie viele Rückenflossen haben Barrakudas und Blaubarsche?

a) eine
b) zwei
c) drei

AGGRESSIVER RAUBFISCH

Die meisten Barrakudas geben sich mit kleineren Fischen wie Sardellen und Meerbarben zufrieden, die sie – dank ihrer Neugier – mühelos aufspüren und mit ihren scharfen Zähnen zerreißen. Der Atlantische Barrakuda hat aber auch schon Menschen angegriffen.

Kein Wunder, dass der Barrakuda ständig hungrig ist! Er wird rund 2m lang und hat einen entsprechend großen Magen zu füllen.

GEFÄHRLICHE GANGS

Barrakudas (oder Pfeilhechte) und Blaubarsche mit ihren messerscharfen Zähnen sind die „Piranhas der Meere". Sie gehen in Schwärmen auf Beutezug.

EINGEKREIST!

Nicht alle Haie sind Einzelgänger wie der Weißhai. Die grauen Ammenhaie jagen gemeinsam. Sie schleichen sich an Tintenfische, Hummer oder kleinere Fische an, stürzen sich auf sie und genießen dann in aller Ruhe ihre Mahlzeit.

Atlantischer Barrakuda

LEBENSRÄUME

Blaubarsche kommen vor allem im Indischen und im Atlantischen Ozean vor. Im Atlantik lauern außerdem Barrakudas, ebenso in der Karibik und im Westpazifik.

HARMLOSE RIESEN

Nur wenige Monster der Tiefe werden dem Menschen gefährlich. Manche sehen zwar Furcht erregend aus, sind aber vollkommen harmlos und tun niemandem etwas zu Leide.

GROSS, GRÖSSER …

Der Walhai ist der größte Fisch, den es gibt. Noch größer ist der Blauwal, ein Säuger. Mit durchschnittlich 24 m Länge und 85 t Gewicht hält er den Rekord als größtes Lebewesen der Erde!

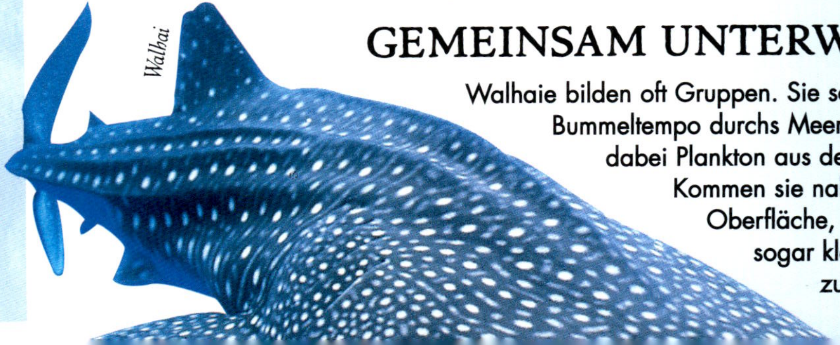
Walhai

GEMEINSAM UNTERWEGS

Walhaie bilden oft Gruppen. Sie schwimmen im Bummeltempo durchs Meer und filtern dabei Plankton aus dem Wasser. Kommen sie nahe an die Oberfläche, können sie sogar kleine Schiffe zum Kentern bringen!

MEERES-QUIZ

Wie lang wird der Walhai?

a) 5 m
b) 10 m
c) 18 m

Wie lang war der größte gesichtete Blauwal?

a) 27 m
b) 30 m
c) 33 m

Wie lange kann ein Blauwal unter Wasser bleiben, ohne Luft zu holen?

a) 45 Minuten
b) 1 Stunde
c) 2 Stunden

SANFTMÜTIGER GIGANT

Der Walhai beeindruckt mit seiner enormen Größe, ist aber ein sehr friedlicher Meeresbewohner. Er ernährt sich ausschließlich von Plankton und Krill. In seinem riesigen Maul hat er mehrere tausend winzige Zähnchen, mit denen er die Nahrung zermahlt.

Walhai

GROSSMÄULIG

Wie der Walhai ernährt sich auch der Blauwal von Krill. Jedes Mal, wenn er das Maul öffnet, nimmt er ca. 6 m^3 Wasser auf. Das macht in einer Stunde eine Schwimmbadfüllung! Statt Zähne hat er Hornplatten im Mund, mit denen er Nahrung aus dem Wasser herausfiltert.

REKORD-HALTER

Der Walhai ist der größte existierende Fisch – er wiegt so viel wie sechs Elefanten zusammen!

SCHLÜPFRIGE SCHLANGEN

Wusstest du, dass es nicht nur an Land, sondern auch im Meer Schlangen gibt? Mit über 50 Arten sind die Seeschlangen in den tropischen Gewässern vor den Küsten Australiens und Asiens vertreten. Dort ist das Wasser so warm, dass die Kaltblüter sich rundherum wohl fühlen.

CHAOTISCHES KNÄUEL

Viele Seeschlangen leben in Korallenriffen oder Mangrovensümpfen nahe der Küste. Manchmal bilden sie riesige Knäuel, die dann an der Wasseroberfläche treiben und ein ausgiebiges Sonnenbad genießen.

Olivfarbene Seeschlange

GIFTIGER BISS

Wie bei vielen an Land lebenden Schlangen ist auch der Biss von Seeschlangen giftig. Sie beißen zum einen, um sich bei einem Angriff zu verteidigen, zum anderen, wenn sie ein Beutetier lähmen wollen. Das Gift gelangt aus Drüsen durch die beiden Giftzähne in den Körper des Opfers. Besonders gefährlich ist die Belchersche Ruderschlange: Ihr Biss ist um das Hundertfache giftiger als der anderer Schlangen.

LÄNGEN-REKORD

Der längste bekannte Fisch ist der Riemenfisch. Er ist so lang wie vier Kanus hintereinander!

FISCH ODER SCHLANGE?

Er sieht aus wie eine Seeschlange, er ist so lang wie eine Seeschlange und doch ist er keine: der Riemenfisch. Er lebt in den tiefen Zonen tropischer Meere, deshalb bekommt man ihn sehr selten zu Gesicht. Er hat einen silbrig glänzenden Körper und auf dem Kopf einen roten Kamm.

Seeschlange aus der Gattung Plattschwänze

WAS FÜR EIN SCHLAMASSEL!

Das größte Schlangenknäuel aller Zeiten wurde 1932 in der Malakkastraße vor der malaysischen Küste gesehen. Unzählige Stokessche Seeschlangen hatten sich zu einem Gebilde von 3 m Breite und 100 km Länge verknäult!

MEERES-QUIZ

Wie vermehren sich Seeschlangen?

a) Sie gebären lebende Junge.
b) Sie legen Eier im Meer.
c) Sie legen Eier am Strand.

Über welches Körperteil scheiden Seeschlangen überschüssiges Salz aus?

a) Afteröffnung
b) Zunge
c) Ohren

Wovon ernähren sich Seeschlangen vorwiegend?

a) von Kleinkrebsen
b) von Algen
c) von Fischen

WOHNGEMEINSCHAFT

Einem Räuber des Meeres direkt ins Maul zu klettern, das ist doch Selbstmord für einen kleineren Meeresbewohner. Das denkt man zumindest. Aber ganz im Gegenteil bilden solch ungleiche Tiere manchmal eine enge Gemeinschaft. Sie ergänzen sich dann – jeder auf seine Art und Weise.

MEERES-QUIZ

Wer frisst die Parasiten des Weißhais?

a) Pilotfische
b) Seepferdchen
c) Heringsmöwen

Wer ruht sich in den Tentakeln von Seeanemonen aus?

a) der Kabeljau
b) der Clownfisch
c) der Seewolf

Das größte Korallenriff der Erde liegt vor der Küste ...?

a) ... Australiens
b) ... Nordamerikas
c) ... Argentiniens

Einsiedlerkrebs

UMZUG

Die giftige Seeanemone schützt den Einsiedlerkrebs, indem sie seine Fressfeinde abhält. Der Krebs revanchiert sich dadurch, dass er seine Beschützerin mitnimmt, wenn er in ein größeres Gehäuse umzieht. Er packt sie mit den Scheren und pflanzt sie auf sein neues Haus!

DOPPELTER NUTZEN

Im Indischen Ozean lebt ein Krebs, der sogar zwei Seeanemonen mit sich herumträgt, und zwar an den Scherenenden. Nähert sich ein Feind, verteidigen die Anemonen den Krebs mit dem Nesselgift in ihren Tentakeln.

BESETZTE HÄUSER

Einsiedlerkrebse nisten sich in leeren Gehäusen anderer Tiere ein. Falls sie nichts Passendes finden, nehmen sie auch mit einer Kokosnussschale vorlieb!

Seeanemone

PERFEKTER SERVICE

Der Gelbe Felsenbarsch ist ein räuberisch lebender Riffbewohner. Er schwimmt regelmäßig zu einer bestimmten Stelle im Riff, um sich gründlich säubern zu lassen. Dort steht ein ganzes Heer von Putzergarnelen bereit. Sie entfernen abgestorbene Haut und Parasiten vom Körper des Barschs und krabbeln sogar in sein Maul, um ihm die Zähne zu putzen. Auf diese Weise fertigen sie bis zu 50 Barsche pro Stunde ab. Ist die Putzaktion beendet, schwimmen die Fische blitzsauber davon, und die Garnelen sind pappsatt!

Gelber Felsenbarsch

Steinfisch

MAUSETOT?

Im Sand vergraben sieht der hochgiftige Steinfisch aus wie ein Stein. Doch er ist alles andere als harmlos. Wer versehentlich auf ihn tritt, kann von Glück sagen, wenn er überlebt. Durch die Rückenflossenstacheln verabreicht der Fisch seinem Opfer ein starkes Nervengift, das verheerende und schreckliche Folgen hat.

HIMMELS-GUCKER

Himmelsgucker

Dieser Fisch hat seinen Namen daher, dass seine Augen oben auf dem Kopf sitzen. Allerdings guckt er damit nicht etwa verträumt in dem Himmel. Stattdessen gräbt er sich im Sand ein und lauert vollkommen reglos auf Beute. Kommt etwas Passendes angeschwommen, erhebt er sich schnell aus dem Sand und schnappt zu!

SKORPIONSFISCH

Skorpionsfisch

Der Skorpionsfisch gleicht eher einem Büschel Seetang als seinen an Land lebenden Namensvettern, den Skorpionen. Mit den blattähnlichen Flossen und seiner außergewöhnlichen Farbzeichnung ist er in seinem Lebensraum, dem Korallenriff, perfekt getarnt.

TARNKÜNSTLER

Am Meeresboden lauern gefährliche Wesen. Sie sind so hervorragend getarnt, dass Beutetiere sie erst **bemerken, wenn es bereits zu spät ist ...**

ATTRAPPE!

Der Schaukel-Stirnflosser sieht aus wie ein welkes Blatt: Er lässt sich von der Strömung treiben, als wäre er tot. Wer ihm dennoch zu nahe kommt, macht mit den Giftstacheln an seiner Rückenflosse Bekanntschaft!

MEERES-QUIZ

Wie viele Arten von Steinfischen gibt es?

a) 1
b) 10
c) 20

Wie viele Giftstacheln hat der indische Steinfisch?

a) 13 – eine Unglückszahl
b) 7
c) 3

Wie lang wird der Himmelsgucker?

a) 10 cm
b) 30 cm
c) 100 cm

CLOWNS-KOSTÜM

Der Clownfisch mit seiner lebhaften Färbung fällt im Korallenriff kaum auf. Auf diese Weise entgeht er seinen Fressfeinden – meistens jedenfalls.

TIEFE WASSER ...

Unterhalb von 4000 m ist der Ozean kalt und dunkel. Kein Sonnenstrahl dringt bis dort vor. Einige der merkwürdigsten Kreaturen der See leben hier. Kreaturen mit riesigen Mäulern, Furcht erregenden Zähnen oder großen Glotzaugen. Aber die meisten sind relativ klein, denn in der Tiefsee ist Nahrung Mangelware.

LANGE ZÄHNE

Der Fangzahn ist eine sonderbare Kreatur mit enorm langen Zähnen. In rund 600 m Tiefe erbeutet er vor allem Tintenfische, in größeren Tiefen (etwa 2000 m) müssen sich dann Drachenfische in Acht nehmen.

Fangzahn

ANGLER

Anglerfische haben einen plumpen Körper, der zum schnellen Schwimmen ungeeignet ist. Daher locken sie mit ihrer Angel – einem langen Fortsatz am Kopf mit Leuchtorgan – Beute an. Nähert sich ein kleinerer Fisch, schnappen sie zu. Zwischen ihren langen gebogenen Zähnen ist das Opfer wie in einem Käfig gefangen.

MEERES-QUIZ

Wie viele Arten von Anglerfischen gibt es in der Tiefsee?

a) 3
b) 40
c) 100

Was fehlt dem Anglerfisch?

a) Schuppen
b) Kiemen
c) das Sehvermögen

Ein weiblicher Drachenfisch wird 30 cm groß. Wie groß wird das Männchen?

a) 5 cm
b) 30 cm
c) 50 cm

LOCKENDES LICHT

Mit 30 cm Länge gehört der Viperfisch zu den **größeren Bewohnern der Tiefsee. Er bedient sich** des gleichen Tricks wie die Anglerfische. Seine Rücken**flosse hat einen langen Fortsatz,** dessen Ende leuchtet. So lockt der Viperfisch die Beute direkt in sein weit aufgesperrtes Maul mit den Raubfischzähnen.

Viperfisch

GROSSE HAPPEN

Der Schuppen-Drachenfisch kann Beute verschlingen, die fast so groß ist wie er selbst. Dabei klappt er den Kopf wie mit einem Scharnier auf.

HILFE!

ARM AB?

Wenn ein Fressfeind dem Seestern einen Arm abbeißt, wächst ein neuer nach.

STAATSGALEERE?

Die Portugiesische Galeere treibt an der Oberfläche warmer Meere dahin. Sie ist eine Staatsqualle: Unter dem gasgefüllten Schwimmkörper sitzen bis zu mehrere tausend einzelne Polypen mit langen Fangfäden. Deren Nesselgift kann beim Menschen einen Schockzustand auslösen sowie Herztätigkeit und Atmung lähmen.

BRANDNEU!

1998 entdeckte man im östlichen Pazifik eine Riesenqualle. Sie erhielt den Namen *Chrysaora achlyos*. Ihr schwarzvioletter Schirm hat etwa 1 m Durchmesser, und ihre zartrosa Tentakeln sind 6 m lang. Wie gefährlich ihr Gift ist, weiß man nicht – das ist vielleicht auch besser so.

Wenn du schon einmal mit einer Qualle in Berührung gekommen bist, weißt du, dass die Haut dann fürchterlich brennt. Andere Meerestiere nutzen ähnliche Möglichkeiten, sich zu verteidigen oder Beute zu lähmen.

STACHELSCHWEIN

Der Rotfeuerfisch lebt in den Korallenriffen des Indopazifik. Seine langen Flossenstacheln enthalten ein lebensgefährliches Gift. Jeden seiner Angreifer erwartet deswegen eine böse Überraschung.

STACHELHÄUTER

Seeigel halten sich am Meeresboden auf. Dort knabbern sie Algen von den Steinen oder verzehren Kleinlebewesen. Dank ihrer Giftstacheln halten sich Feinde fern. Manche Seeigel haben bis zu 30 cm lange dünne Stacheln, bei anderen sind sie kürzer, dafür aber so dick wie Bleistifte.

MEERES-QUIZ

Wie lang waren die längsten Tentakeln einer Qualle?

a) 10,5 m
b) 17,5 m
c) 36,5 m

Welche Qualle kann einen Menschen töten?

a) die Seehornisse
b) die Seewespe
c) die Seebiene

Zu wie viel Prozent besteht eine Qualle aus Wasser?

a) zu 95 %
b) zu 80 %
c) zu 65 %

TÖDLICHES GIFT

Kugelfisch (aufgeblasen)

Manche Meerestiere haben hochwirksame Verteidigungstechniken entwickelt. Der Kugelfisch pumpt sich bei Gefahr zu einer Kugel. Wem das zu harmlos klingt, der sollte sich vor den Stacheln auf der Kugel in Acht nehmen. Und nicht zu vergessen, vor dem Gift des Kugelfisches!

BIS AN DIE ZÄHNE BEWAFFNET

Das Gift des Kugelfischs heißt Tetrodotoxin. Dieses Gift dient auch zwei eher kleinen Krakenarten zur Verteidigung: den Blauringkraken. Die eine Art lebt vor der australischen Küste, die andere im Meer um Indonesien und die Philippinen.

Blauringkrake

KINDERSTUBE

Weibliche Kraken bemuttern 3–9 Wochen lang ihre 180 000 Eier.

GENUSS MIT RISIKO

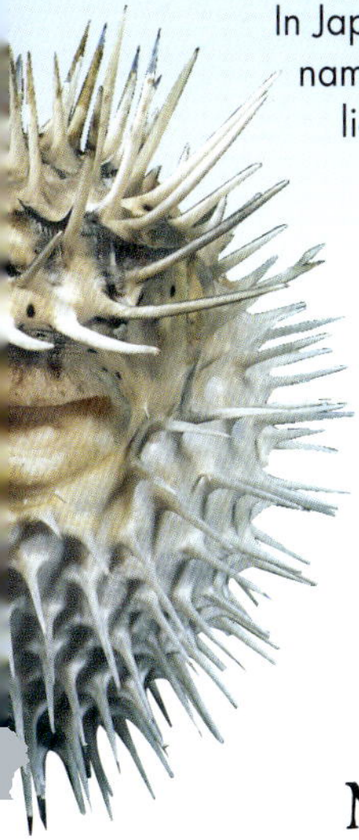

In Japan bereitet man aus Kugelfischen ein Gericht namens Fugu. Dazu werden sämtliche Gift enthaltenden Organe (Herz, Leber, Darm usw.) entfernt, und der Rest wird gründlich gesäubert. Bevor ein Koch den Gästen im Restaurant die Delikatesse vorsetzen darf, muss er mindestens drei Jahre lang üben! Aber auch der erfahrenste Koch kann mal einen Fehler machen ...

DIE LETZTE MAHLZEIT?

Wer giftiges Fugu isst, schwebt in großer Gefahr. Als Erstes brennt es im Mund, und man fühlt sich schwindlig. Bald verliert man die Kontrolle über seine Muskeln und bekommt starke Atembeschwerden. Die Wahrscheinlichkeit, dass man binnen weniger Stunden stirbt, beträgt 60 Prozent.

TÖDLICHER BISS

Der Biss eines Blauringkraken kann in Minutenschnelle zum Tod führen. Das Gift ist im Speichel des Tiers enthalten. Wenn der Krake einen Schwimmer mit seinem papageiähnlichen Schnabel zwickt, gelangt das Gift in dessen Blutbahn. Zu allem Überfluss ist der Krakenbiss schmerzlos – und deswegen besonders tückisch.

MEERES-QUIZ

Wie viele Menschen sterben jährlich an Fugu-Vergiftung?

a) 5
b) 50
c) 100

Welche Gegenmaßnahme wendet man in Japan bei einer Fugu-Vergiftung an?

a) man gibt dem Opfer kochendes Wasser zu trinken
b) man gräbt das Opfer bis zum Hals im Sand ein
c) man gibt dem Opfer Haifleisch zu essen

Wie groß wird ein Blauringkrake?

a) 20 cm Durchmesser
b) 50 cm Durchmesser
c) 5 m Durchmesser

ROCHEN & CO.

MEERES-QUIZ

Warum fassten im alten Rom manche Leute Zitterrochen an?

a) um ihre Kopfschmerzen loszuwerden
b) als Strafe für Fleischessen an einem Fastentag
c) als Strafe, wenn sie verschlafen hatten

Wie vermehren sich Zitterrochen und Stechrochen?

a) Sie kleben ihre Eiertaschen an Seetang fest.
b) Sie gebären lebende Junge.
c) Der Storchrochen bringt die Jungen.

Wie groß kann ein Zitterrochen maximal werden?

a) 1 m lang
b) 2 m lang
c) 3 m lang

Rochen sind mit den Haien verwandt. Die rund 400 Arten kommen in allen Meeren vor – vom Stechrochen mit langem peitschenähnlichem Schwanz bis hin zum Strom erzeugenden Zitterrochen.

Stechrochen

FISCH UNTER STROM

Zitterrochen gehören zu den so genannten Elektrischen Fischen. Sie können tatsächlich Strom erzeugen. Der Zitterrochen bringt eine Spannung von über 200 Volt zu Stande!

STROM-LIEFERANT

Im Zitterrochen entsteht genug Elektrizität, um eine Glühbirne zum Leuchten zu bringen.

PEITSCHENSCHWANZ

Die Körperlänge von Stechrochen variiert zwischen 25 cm und 2 m. Gemeinsam ist ihnen der lange Peitschenschwanz mit Giftstachel. Mit dem Schwanz kann der Rochen so kräftige Schläge führen, dass der Schwanz bisweilen in einem Boot stecken bleiben kann. Natürlich ist solch ein Schlag auch für Schwimmer gefährlich.

UFO IN SICHT!

Mantas nennt man auch Teufelsrochen. Der Name rührt von zwei Fortsätzen her, die wie Teufelshörner vom Kopf abstehen. Manchmal schnellt der Manta aus dem Wasser, fliegt dann – wie ein UFO – ein Stück durch die Luft und landet mit einem Bauchplatscher wieder im Wasser.

Zitteraal

ELEKTRISCHE FISCHE

Nicht nur Zitterrochen erzeugen Strom. Auch Himmelsgucker haben diese Fähigkeit, ebenso manche Flussfische wie der in Südamerika lebende Zitteraal und der Zitterwels in Afrika. Beim Zitterwels besteht das elektrische Organ aus einer Muskelschicht unter der Haut; er kann elektrische Schläge austeilen, die doppelt so stark sind wie beim Zitterrochen. Der Zitteraal erzeugt eine Spannung von 650 Volt!

KURIOSES UNTER WASSER

Tief im Meer findet man nicht nur außergewöhnliche Tiere wie meterlange Röhrenwürmer. Es gibt dort noch manches andere, das ganz schön erstaunlich ist. Beispielsweise Schlote, aus denen heißes Wasser blubbert, und vulkanische Spalten, aus denen glühende Lava quillt.

SCHWARZE RAUCHER

Am Meeresboden sprudelt aus Quellen kochend heißes Wasser hervor. Um die Quellen bilden sich mit der Zeit Schlote, die man Schwarze Raucher nennt. Sie sind bis zu 10 m hoch und bestehen aus mineralischen Ablagerungen. Das Wasser enthält Schwefel, der für uns Menschen giftig ist, den Bakterien der Tiefsee jedoch als Nahrung dient.

Riesen-Röhrenwürmer

GUTEN APPETIT!

Die Schwefel verwertenden Bakterien dienen den weiß-roten Röhrenwürmern als Nahrung. Sie gedeihen davon hervorragend und werden bis zu 3 m lang.

BLINDE KREBSE

Um die Schwarzen Raucher herum leben Spinnenkrebse. Da sie in der Finsternis am Meeresgrund ohnehin nichts sehen, haben sie keine Augen.

NEULAND!

Lavastrom unter Wasser

Aus manchen Unterwasser-Vulkanen quillt Lava. Hawaii beispielsweise ist vor vielen Millionen Jahren aus Lava entstanden. Und es entstehen noch immer Inseln. Kühle Meeresströmungen bewirken, dass die Lava rasch erkaltet und kissenförmige Strukturen bildet.

GEBURT EINER INSEL

In den 1960er-Jahren entstand vor der Küste Islands eine Insel: eine Gelegenheit für die Wissenschaftler, erstmals das Entstehen einer Vulkaninsel genau zu verfolgen. Man nannte die Insel Surtsey, nach dem nordischen Feuergott Surtr. Innerhalb weniger Jahre waren durch Vogelkot Samen auf die Insel gelangt, und Pflanzen begannen zu wachsen.

MEERES-QUIZ

Welches ist das Geburtsjahr der Insel Surtsey?

a) 1960
b) 1963
c) 1969

Wo auf der Erde gibt es die meisten Vulkane?

a) auf dem Meeresgrund
b) in Japan
c) in Kalifornien

Wie hieß das Boot, das am Mittelatlantischen Rücken Vulkane im Bild festhielt?

a) Arturio
b) Ann-Janine
c) Alvin

KAMERA AB!

Die Monster der Tiefe auf die Leinwand bannen – das war und ist das Ziel vieler Regisseure. Da geht es um mysteriöse Meeresungeheuer oder auch um reale Gefahren wie Haiangriffe.

DER WEISSE HAI

1975 kam der Film *Der weiße Hai* in die Kinos. Die Handlung spielt in einem Touristenort, wo ein Weißer Hai die Badegäste in Angst und Schrecken versetzt. Der Film hatte enormen Erfolg. Ein lebensgroßes Raubfischmodell wurde mit Unterwasseraufnahmen von echten Haien kombiniert, sodass die Darstellung ungemein realistisch wirkte.

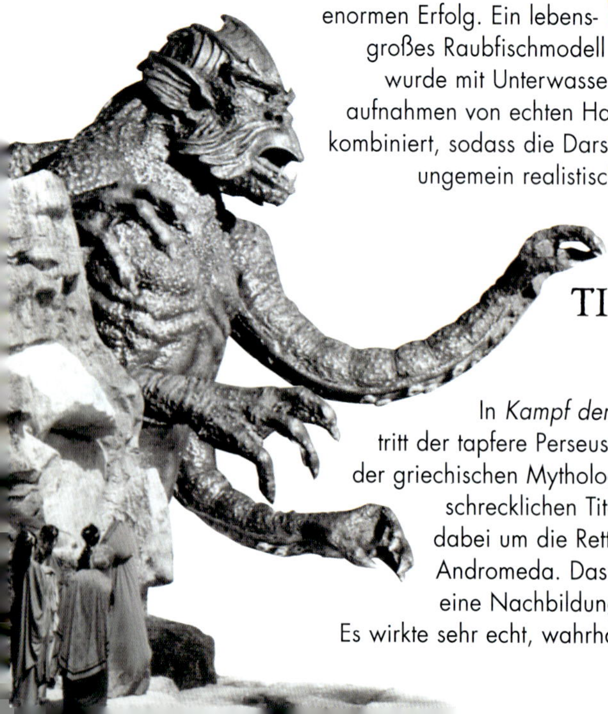

TITANENHAFT

In *Kampf der Titanen* (1981) tritt der tapfere Perseus, eine Figur aus der griechischen Mythologie, gegen einen schrecklichen Titan an. Es geht dabei um die Rettung der schönen Andromeda. Das Filmmonster war eine Nachbildung aus Plastilin. Es wirkte sehr echt, wahrhaft titanisch!

NOCH MEHR MONSTER

Das Meer erscheint uns unendlich groß und geheimnisvoll. Deshalb können wir uns ohne weiteres vorstellen, dass in seinen Tiefen die seltsamsten Wesen hausen. Das wohl berühmteste Kino-Monster aus dem Meer ist Godzilla. Seine Geschichte wurde mehrfach verfilmt. 1998 hat man den Originalfilm von 1956 mit aufwändiger Computertechnik nachgedreht.

ANGST VOR HAIEN

Der weiße Hai war der erfolgreichste Horrorfilm aller Zeiten. Er begründete auch den schlechten Ruf der Haie. Sie sind zwar nicht harmlos, doch Angriffe auf Menschen kommen nur sehr selten vor.

MEERES-QUIZ

Wie viel Dollar spielte *Der weiße Hai* ein?

a) 50000 Dollar
b) 5 Millionen Dollar
c) über 500 Millionen Dollar

Wer war der Regisseur des Films *Der weiße Hai*?

a) Steven Spielberg
b) Steven Greenburg
c) Robert White

Wie heißt Godzillas Sohn?

a) Godzuki
b) King Kong
c) Repta

TIEFER ALS TIEF

Der Film *Zwanzigtausend Meilen unter dem Meer* führte die Zuschauer in unvorstellbare Tiefen. Die tiefste Stelle des Ozeans liegt übrigens im Marianengraben (11 034 m).

HALB FRAU, HALB FISCH

Von Begegnungen mit Meerjungfrauen erzählte man sich schon vor über 5000 Jahren, sowohl in Europa als auch in Asien. Die so genannten Sirenen waren dafür berüchtigt, dass sie mit ihrem Gesang Seeleute ins Verderben lockten.

Riesentintenfisch

JAHRMARKT-ATTRAKTION

Ab dem 16. Jahrhundert zogen Schausteller von Ort zu Ort und präsentierten dem staunenden Publikum Meerjungfrauen! Um 1800 waren diese Wesen sogar groß in Mode! Manche der Meeresdamen waren künstliche Modelle, andere aus getrockneten Körperteilen von Fischen zusammengebastelt.

ECHTE RIESEN

Tintenfische können sehr groß werden – bis zu 22 m! Das ist so lang wie drei Lastwagen hintereinander.

SEEMANNS-GARN

Meeresungeheuer machten lange Zeit vor ihren Kinokarrieren von sich reden. Aus dem Altertum sind Mythen über Furcht erregende Wesen überliefert. Seeleute berichteten von riesigen Schlangen und menschenähnlichen Meereswesen.

DER KRAKE ERWACHT

Der mythische Krake mit seinen langen Fangarmen kommt in skandinavischen Sagen vor. Möglicherweise entstanden diese, weil man sehr große Tintenfische gesichtet hatte.

VIELKÖPFIGE UNGEHEUER

In den griechischen Sagen wimmelt es geradezu von Monstern. Eines der schrecklichsten ist Hydra. Sie hat neun Köpfe – mehr noch als Skylla, dem Odysseus begegnet. Skylla hat sechs Köpfe, zwölf Beine und drei Reihen Zähne!

MEERES-QUIZ

Wann entstand der Film *Arielle, die Meerjungfrau*?

a) 1989
b) 1990
c) 1999

Wer tötete die Seeschlange Hydra?

a) Herakles
b) Athene
c) Odysseus

Welche Meereswesen hielt man früher für Meerjungfrauen?

a) Mantas
b) Welse
c) Seekühe

QUIZ-ANTWORTEN

S. 3: c) 25; b) 55,5 km/h; c) 172–252.
S. 4: Sie sind alle drei Haie; b) ein bis zwei Monate; c) sechsmal so schnell.
S. 7: b) über 1 m; b) 30–100; a) 40.
S. 8: a) 1,2 m; c) Schnapper; b) zwei.
S. 11: c) 18 m; c) 33 m; c) 2 Stunden.
S. 13: a) lebende Junge; b) Zunge; c) von Fischen.
S. 14: a) Pilotfische; b) der Clownfisch; c) vor der Küste Australiens.
S. 17: c) 20; a) 13; b) 30 cm.
S. 18: c) 100; a) Schuppen; a) 5 cm.
S. 21: c) 36,5 m; b) die Seewespe; a) zu 95 %.
S. 23: b) 50; b) man gräbt das Opfer bis zum Hals im Sand ein; a) 20 cm Durchmesser.
S. 24: a) um Kopfschmerzen loszuwerden; b) Sie gebären lebende Junge; b) 2 m lang.
S. 27: b) 1963; a) auf dem Meeresgrund; c) Alvin.
S. 29: c) über 500 Millionen Dollar; a) Steven Spielberg; a) Godzuki.
S. 31: a) 1989; a) Herakles; c) Seekühe.

Die Deutsche Bibliothek – CIP-Einheitsaufnahme:

Oliver, Clare: Raubfische und andere Meerestiere / Clare Oliver.
Übers. aus dem Engl.: Eva Schweikart. – 1. Aufl. – Bindlach : Loewe, 2001
(BlitzWissen)
Einheitssacht.: Terror under the sea <dt.>
ISBN 3-7855-3797-2

ISBN 3-7855-3797-2 – 1. Auflage 2001

Die Originalausgabe ist in Großbritannien bei ticktock Publishing Ltd. unter dem Titel *Ziggy's Pocket Fun Book: Terror under the Sea* erschienen.
Aus dem Englischen übersetzt von Eva Schweikart.

Umschlagtypografie: Andreas Henze
Redaktion: Kathy Heyer
Satz/Layout: Sandra Lautner

Bildnachweis: o = oben, u = unten, m = Mitte, l = links, r = rechts,
VA = Vorderseite außen (Cover), VI = Vorderseite innen
Innerspace Visions: 2ul, 2/3, 5or, 6/7, 7ol, 8/9, 10/11o, 10/11m, 16ul, 20ul, 26/27.
Oxford Science Films: VI, 14/15, 22/23o. Planet Earth Pictures: VA, 4/5, 8or, 12ul, 12/13, 15or, 16ol, 16/17, 18, 19, 20/21, 22/23o, 24/25m, 25or, 26ul, 30/31.
The Kobal Collection: 28ul, 28/29, 30ol.
Bildrecherche von Image Select